110

D1731844

Erstkommunion

Jesus, der Herr, nahm in der
Nacht, in der er ausgeliefert
wurde, Brot, sprach das Dank-
gebet, brach das Brot und sagte:
Das ist mein Leib für euch.
Tut dies zu meinem Gedächtnis!
Ebenso nahm er nach dem Mahl
den Kelch und sprach:
Dieser Kelch ist der Neue Bund
in meinem Blut. Tut dies,
sooft ihr daraus trinkt,
zu meinem Gedächtnis!

1 Kor 11,23–25

**Das wünschen wir dir,
dass jede Gottesgabe
in dir wachse
und sie dir helfe,
die Herzen jener
froh zu machen,
die du liebst.**

Altirischer Segenswunsch

Die erste heilige Kommunion empfing ich am

....

in der Pfarrkirche ....

....

in ....

Mein Pfarrer hieß ....

....

Schulanfang

Denn er befiehlt
seinen Engeln,
dich zu behüten
auf all deinen Wegen.

Psalm 91,11

Lieber Gott,
heute ist mein erster Schultag.
Ich freue mich darauf.
Aber ich habe auch etwas Angst,
es kribbelt ein bisschen im Bauch.
Lieber Gott, ich bitte dich:
Gib mir einen guten Anfang!
Sei immer bei mir!
Das wünsche ich mir.
Amen.

Reinhard Abeln

Mein erster Schultag war am

....

Meine Schule hieß ....

und war in ....

Mein Lieblingsfach war ....

Mein/e Klassenlehrer/in hieß ....

Unseren Gottesdienst zum Schulanfang feierten wir in

....

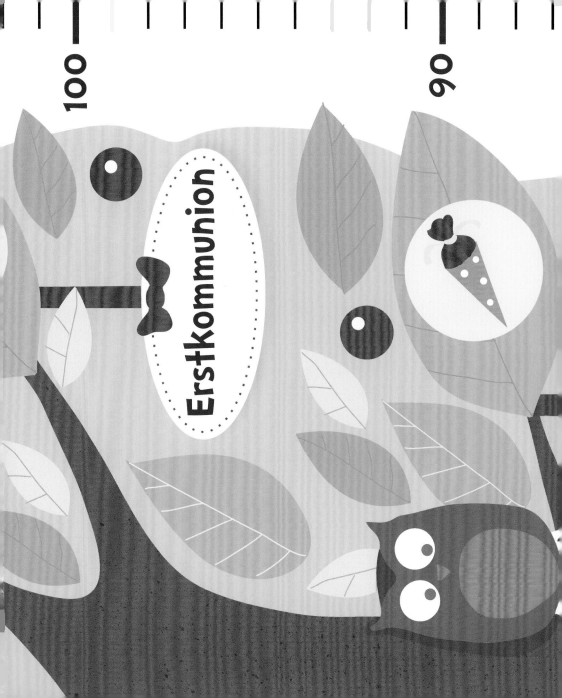

Erstkommunion

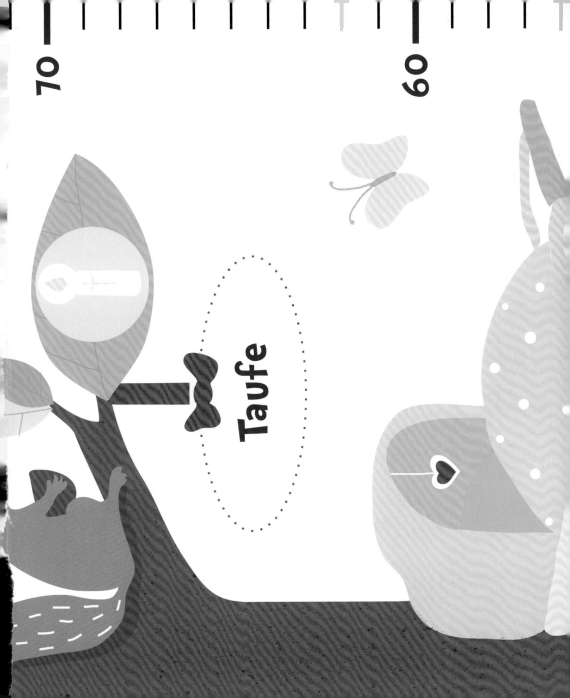

Taufe

Taufe

Gesegnet seiest du
mit allem, was dich ausmacht.
Gesegnet seiest du
durch die Gegenwart Gottes,
der dich liebend
hält und trägt.

Da brachte man

Kinder zu ihm, damit er ihnen
die Hände auflegte und für sie
betete. Die Jünger aber waren
verärgert und wiesen die Leute
ab. Als Jesus das sah, sagte er
ihnen: Lasst die Kinder zu mir
kommen und hindert sie nicht
daran! Denn Menschen wie
ihnen gehört das Himmelreich.
Dann legte er ihnen die Hände
auf und segnete sie.

Nach Mt 19, 13–15

Ich wurde getauft auf den Namen

....

am ....

in der Pfarrkirche ....

in ....

Mein/e Taufpate/n ist/sind

....

....

Mein Namenstag ist am ....

Die Taufe spendete ....

Kindergarten

Von allen Seiten
umgibst du mich und
hältst deine Hand über mir.
Ich danke dir dafür.

Nach Ps 139,5

**Was dir auch
immer begegnet
mitten in dieser Welt,
es gibt eine Hand,
die dich segnet,
es gibt eine Hand,
die dich hält.**

Mein erster Tag im Kindergarten war am

....

Ich war im Kindergarten ....

....

Meine Gruppe hieß ....

Meine Freunde waren ....

....

Mein/e Erzieher/in war/en ....

....

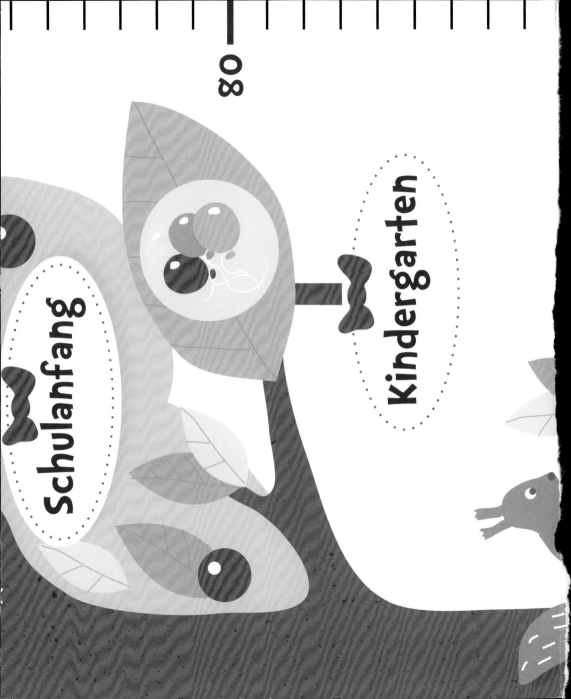

Schulanfang

Kindergarten

80

50

Geburt

Geburt

Kinder

sind eine Gabe Gottes.
Dass sie zur Welt kommen,
ist sein Geschenk.

Nach Ps 127,3

**Es begleite dich täglich
als funkelnder Stern
der Glaube, die Liebe,
der Segen des Herrn.**

Ich wurde geboren am ....

um .... Uhr

in ....

Ich war .... cm groß und wog .... g.

Meine Eltern heißen ....

und ....